Al lector

Al lector: En mundo misterioso de la magia, los pactos han formado uno de los mayores poderes. Una fuerte conexión con los elementos, seres, entes, sombras o espíritus. El pacto poseen la fuerza dinámica del control y el intercambio. Crean poderosos lazos que pueden perpetuarse a otras vidas. Las energías entrelazadas se mantienen aumentando el poder de la bruja o el mago. Al hacer un pacto, se crea un contrato indisoluble, la magia posee esa cualidad increíble de lograr el dominio en vez de ser dominado. Quien conoce los pactos, logra obtener las llaves del reino de la magia.

Gracias por adquirir este libro.

Omar Hejeile Ch.

AUTOR
Omar Hejeile Ch.

Editorial Wicca, rescata el poder inconmensurable del ser humano y la naturaleza; un poder que todos poseen, sienten, perciben, pero pocos conocen, a través de los textos, programas de radio, se invita sin imponer una verdad o un concepto, para que cada uno que siente el llamado desde su interior, quien descubre la magia de los sueños, y desea obtener el conocimiento, por ende, la transformación de su vida alcance el centro de la **felicidad.**
La vieja religión ha renacido...
y está en sus manos.

WICCA
ESCUELA DE MAGIA

La vieja religión basada en el conocimiento mágico, de viejas culturas perdidas en el tiempo, escapadas del mundo de los hiperbóreos renacen como el fénix la armonía del hombre con la naturaleza.

Wicca, vocablo que procede de Wise, Wizard, significa "El oficio de los sabios" "Los artesanos de la sabiduría" Durante milenios de persecución, los documentos antiguos de la vieja religión permanecieron ocultos esperando el momento propicio del renacer, ahora, Wicca, recupera algunos de los viejos conocimientos del influjo lunar, el sol, los grandes Sabbats, el poder secreto de los encantamientos y embrujos, el arte de los sortilegios, el infinito mundo mágico de las plantas, el secreto de las estrellas.

Mas información en :
www.ofiuco.com
www.radiokronos.com
www.wiccausa.com

© **2023**

Autor: **Omar Hejeile Ch.**

Derechos Reservados

Título: Pactos Mágicos de Suerte y Poder

ISBN: 978-958-8391-06-9

Sello Editorial: *WICCA S.A.S (978-958-8391)*

ENCICLOPEDIA: *"Universo de la Magia"*

Diseño y Diagramación: Mario Sánchez C.

PACTOS

DE PODER

PACTOS MÁGICOS

En las antiguas creencias, el misterio y lo mágico toman fuerza, el poder de lo extraño aparece cubierto con el manto de lo prohibido y desconocido, la lucha entre lo real y lo fantástico, el mundo extraño que oculta su poder, la mente que ansiosa busca la puerta de entrada al mundo sobrenatural, el poder de lo desconocido, la energía que actúa de manera extraordinaria, permitiendo otros encuentros diferentes de la realidad.

El ser en su interior, ante los avatares de la vida, observa las situaciones difíciles que se presentan y la negación de una calidad de vida diferente, el esfuerzo constante en todas las etapas de la vida muy pocas veces realmente es recompensada.

Rápidamente, ante la dificultad, el hombre recurrió a los dioses, a cualquiera de ellos solicitando "ayuda" o devoción, a cambio promesas y demás.

Hoy; es fácil observar como miles de peregrinos de diferentes creencias hacen grandes viajes, con el ánimo de buscar la tan ansiada ayuda divina.

Sin importar el sacrificio que se deba realizar o la penitencia que haya que cumplir, en pos de un milagro que alivie una determinada situación, un problema económico, la sanación de una enfermedad, el regreso de un amor; etc.

Han transcurrido miles de años, se pierde en el ayer lejano el origen de los pactos, pero se conserva en el recuerdo, las leyendas de quienes obtuvieron gracias a ellos, el poder, gozo y disfrute de todos los bienes terrenales. No es difícil encontrar en la historia relatos de las fuerzas sobrenaturales que actuaron en la conquista de naciones, imperios, en grandes batallas, el triunfo absoluto gracias a los pactos mágicos que se ejecutaban antes de las empresas a cumplir.

Los pactos, no han sido solo entre personas, se realizan con las fuerzas sobrenaturales, seres, entidades, energías, espíritus, elementos y elementales, dioses y demonios,

Son miles de anécdotas de miles de personas, artistas, políticos, guerreros, empresarios, comerciantes, amas de casa, empleados, en fin, han logrado mediante un pacto encontrar, éxito, amor, fortuna, riqueza, amor y demás.

En ocasiones se intuye, que esas personas; han tenido un crecimiento que no es normal, en el común devenir de la vida. "Algo" misterioso está actuando.

¿Qué es ese algo misterioso?

Al entrar al tema de los pactos, es prudente conocer un poco las energías que actúan para realizarlos.

El aprendiz de mago o meiga, normalmente, debe luchar contra la ansiedad o el afán de realizar un pacto, sin conocer los eventos que lo anteceden y lo preceden, de esta manera, en la gran mayoría de ocasiones se cometen errores, se termina en un caos muy diferente a la intención primaria.

Sugerencia

El aprendiz debe ser una persona de mente abierta, que comprenda que en el sendero de la magia se avanza despacio para llegar más rápido y lejos, en ocasiones es tedioso, algo incómodo, leer las explicaciones, quizá la ansiedad impulse a lanzarse sin medida, de lleno, a practicar algo que aún no se comprende o se conoce, esto puede terminar en una equivocación, con grandes lamentaciones, perdiendo en ocasiones la estabilidad mental, al igual que se pierde el interés en la magia.

No se apresure, tómese un tiempo, lea, piense y medite, analice y comprenda la información. De esta manera, cuando esté realizando cualquier pacto, le será más fácil su ejecución.

El "algo" misterioso, todo cuanto existe, está conformado por la misma energía en diferentes escalas de vibración, tanto lo más sólido como lo más sutil, en esencia, poseen el mismo elemento creador, pero en diferentes variaciones y representaciones.

En el universo físico, existen tres planos donde se encuentran las energías que actúan en mundo material. Un plano es una escala de vibración de la primaria energía, la cual va, desde lo más sutil, hasta lo más denso.

⊛ Plano espiritual
⊛ Plano mental
⊛ Plano físico

Plano espiritual

Es en el cual vibran las energías más sutiles, y con las cuales se realizan la mayor cantidad de pactos, las entidades del mundo espiritual poseen gran fuerza y poder actuar sobre los planos mentales y por ende los físicos.

La primaria fuerza divide el plano espiritual en un

 sinnúmero de energías, a manera de ejemplo piense en una balanza, en un plato está la energía espiritual con vibraciones positivas o energías creadoras, en el otro, energías negativas o destructivas.

Recuerde:

 No por ser negativas o destructivas son malas.
Ni por ser positivas o constructivas son buenas.

De esta manera, las vibraciones del espíritu pasan en la escala de la balanza de un plato a otro, oscilan entre la frecuencia de crear a destruir, cada grado de inclinación de la balanza posee una energía o entidad característica, tanto si vibra de un polo a otro polo, la una será más fuerte que aquella que le antecede, y menos fuerte con aquella que le precede. (*Véase el libro ¿Por qué me va Mal?*)

Al igual que en un termómetro, simulando con la temperatura, el grado anterior es más frío que el grado siguiente, aunque todo marque un gran calor, de la misma manera, un grado mayor, será más frío que el anterior, cuando la temperatura sea fría.

Así son las energías del espíritu, no hay un extremo absoluto, los dos fluyen en vibración de uno hacia otro extremo, y cada grado posee una energía o entidad específica.

Algo que comprender

En la antigüedad se definió, con algunos nombres, entidades que se consideraban del mundo del infierno, con las cuales se podía pactar, de alguna manera desconocida, a través de la tradición se generó una escala de probables mensajeros de pactos.

Entidades que actuaban del mundo espiritual con el mundo material favoreciendo a los hombres. He aquí los nombres de los principales espíritus infernales y la índole de sus funciones. Cuando en la antigüedad se consideraba seriamente su existencia.

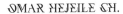

)O(Lucifer - Emperador

)O(Belzebú o Belcebú - Príncipe

)O(Astarot - Gran Duque

Vienen luego los espíritus superiores que están subordinados a los antes mencionados:

Lucífago - primer ministro

)O(Satanachia - gran general

)O(Agaliarept - capitán general

)O(Fleuretty - teniente general

)O(Sargatanas - jefe superior

)O(Nebiros - mariscal de campo

Estos grandes espíritus dirigen, por su poder, toda la potencia infernal que les está concedida. Tienen, además, a su servicio, otros espíritus subordinados Al igual, está la corte angelical, siete vibraciones diferentes de energías. Serafines, querubines, ángeles, potestades, virtudes, dominaciones y los tronos.

Cada una de estas divisiones, con más entidades en la escala de la vibración. Gabriel, Vehuiah, Jeliel, Sitael, Elemiah, Mahasiah, Lelahel, Achaiah, Cahetel, Haziel, Aladiah, Lauviah, Hahaiah, Iezalel, Mebahel, Hariel, Hekamiah, Lauviah y Uriel, más o menos la lista puede tener un infinito número de ángeles.

Son muchos nombres con los cuales se les identifica o se invocan, pero… eso fue en la antigüedad, todos los nombres, jerarquías tanto ángeles como demonios, o entidades del mundo espiritual donde también caben, fantasmas, ectoplasmas, seres desencarnados, santos, vírgenes, Orishas, dioses, en fin, el interminable mundo espiritual.

Bajo estas condiciones, durante la época del oscurantismo, casi mil años, quienes practicaban la magia, debieron disfrazar o crear un sincretismo para mantener vivo el conocimiento.

Infortunadamente con el tiempo, se aceptó como única verdad una serie de nombres, y conceptos, los cuales se convirtieron en la base de los pactos mágicos, paralelamente con esto, el ocultismo diferente al oscurantismo, se escondió en viejos grimorios, con una cantidad increíble de preparaciones, las cuales crean más complicación que enseñanza, en algunos pactos, se sugiere la ejecución de actos literalmente improbables, como conseguir la soga de un ahorcado que haya sido ejecutado en la noche de menguante bajo una tormenta.

O la piel, o el colmillo de un león muerto por un lobo, o llegar hasta el extremo de sugerir que se debe hacer un sacrificio aberrante con un gato u otro animal.

Pero… en el fondo de todo esto posee una lógica, entrelíneas se deduce el acto mágico, con el cual se logran los pactos, una manera pintoresca de disfrazar un contenido misterioso.

Durante las persecuciones, los grimorios, colocaron sofismas, para evitar que muchas personas descubrieran el poder realizar pactos con fuerzas mágicas.

Se debe aclarar, que existen fechas, lugares, horas, los cuales se consideran encantados, siendo estos momentos ideales para la invocación o contacto con las energías espirituales, las cuales gobiernan las diferentes representaciones de la materia. Ahora, Todo, absolutamente todo, posee un espíritu, tanto en los planos mentales como el plano material. Al contactar una entidad espiritual, se presenta varias situaciones.

¿Cómo saber, qué entidad es?

Si tanto para construir, se necesita destruir, si para obtener fortuna alguien debe de perderla, ¿Cómo se sabe, si se invocó, un ángel o un demonio?

Cualquiera de los dos, puede suplantar al otro, y cualquiera que vibre en cualquier grado de la escala, entre lo constructivo y destructivo actúa de la misma manera.

El espíritu, en sus polaridades, ángeles y demonios, o en sus variantes identidades, se mezclan en todos los pensamientos y elementos físicos, lo anterior quiere decir que: todo lo material, posee implícitamente una vibración espiritual con la posibilidad de contacto, que todo pensamiento está enmarcado en una influencia espiritual. (*Véase el libro Vampirismo Psíquico*)

De esta manera, si se conoce la técnica de contacto y se está mentalmente en la vibración del espíritu, se logra la comunicación.

Para pensar

Con qué método se podría hallar la diferencia entre un espíritu de una polaridad y otro de otra polaridad, ¿Si son invisibles e intangibles? Si un ser intangible, que no posee materia, ¿Cómo algo material lo podría contener?

A menos que el espíritu desee quedarse por su libertad, en algo material. (*Infestación de energías*)

Ahora, sin entrar a una contradicción, toda materia y pensamiento posee un espíritu implícito, es por eso por lo que se pueden invocar las entidades, del oro, dinero, riqueza, felicidad, etc.

Aclaremos

El espíritu vibra sutilmente, todo posee un espíritu en diferentes vibraciones, tanto los pensamientos son motivados por el espíritu de cada uno.

Así, las cosas materiales también lo poseen, una casa, un auto, una flor, una piedra, cualquier representación posee un espíritu.

 Así el espíritu del lugar es canalizado con la vibración de la nueva energía, fortaleciendo su poder.

A pesar, que el espíritu de algo material no posee tiempo ni espacio, hay lugares materiales cuya vibración permite una mayor y mejor comunicación con los espíritus, no se puede negar los sitios encantados, es diferente un bosque sereno, tranquilo, a una casa en la gran ciudad. Recuerde, el espíritu está en Todo, pero todas las cosas no lo pueden atrapar, y, sin embargo, cada cosa tiene un espíritu individual. El plano espiritual prevalece sobre el plano mental y el físico.

Para complementar

El espíritu, en esencia, en cualquiera de sus dos polaridades, no es bueno ni malo, es al tiempo constructivo y destructivo, al hacer un pacto con una entidad espiritual, esta, actuará de acuerdo con la vibración del pensamiento de quien la invoca.

Lo anterior quiere decir que el espíritu es neutro, la mente de quien lo atrae lo polariza, igual cumple con la construcción o destrucción, y sirve para pactar con los espíritus que rigen la materia, tal como el oro, la fortuna, la riqueza, o la desgracia, la cual también posee un espíritu.

Así que se puede conectar directamente con la vibración de algo específico, o pactar con el espíritu del todo. ¿Alguna vez ha pensado, que todos los espíritus de todas las cosas materiales están en comunicación con su espíritu, y que a través de su pensamiento los libera?

Si sabe encontrar la frecuencia en que vibran en su plano mental, los tendría como esclavos, sometidos a su antojo, si su mente es creadora, dominaría los espíritus menos sutiles.

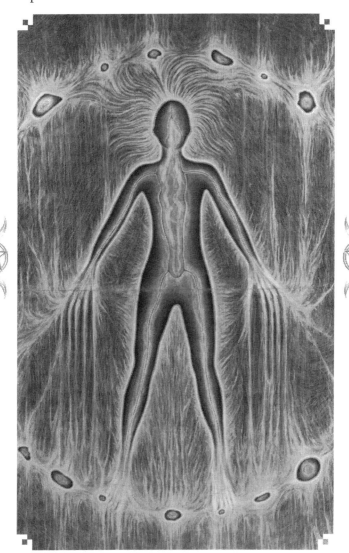

Cada espíritu, al igual que la energía psíquica, puede quedar en cualquier objeto, mediante una serie de conjuros y manipulaciones, un determinado espíritu quedará atrapado en un objeto físico, dándole a ese objeto una cualidad mágica, como un espejo, una joya, una jarra, una botella, etc.

Para aprendices de magos y meigas

Algo para pensar, y ser objetivos frente al tema de los pactos, de acuerdo con los textos antiguos, es prudente revaluar y analizar con cuidado para no caer en la manipulación, si bien durante muchos años se aceptó como única verdad la impuesta por los credos, es prudente el análisis de cada aparte.

Para seguir pensando… Por favor, leer y reflexionar con mucha atención.

Existen miles de millones de espíritus, eso es algo que se comprende rápidamente, todos vibran en diferentes escalas entre lo más sutil y lo más denso, hasta aquí, es fácil.

Todos los espíritus de todas las escalas provienen o tienen su origen en un único espíritu, cambian las frecuencias de vibración, de esta manera, existen espíritus de menor vibración y otros de mayor vibración en la escala.

¿Un espíritu de menor escala, podría alterar a uno de mayor escala?

 ¿El de menor escala podría solicitar ayuda a uno de mayor, y de ser así, como saber que ese espíritu aceptaría ayudar, conociendo que cada cual se autodescubre a sí mismo?

Usted posee en su interior un espíritu muy poderoso, puede invocar otros espíritus que están más bajos en la vibración, para solicitarles ayuda, ¿O que cumplan sus deseos? Podría dominarlos y someterlos.

Igual, puede sintonizarse con espíritus que vibran más intensamente y obtener de ellos sabiduría.Pero… existen entidades que solo se pueden invocar en lugares específicos, esto obedece a campos magnéticos, indudablemente las vibraciones son compatibles, difícilmente, se invoca una entidad en una discoteca. Aunque en las discotecas fluyen otra serie de entidades que se encuentran en esa escala de vibración.

Con algunos elementos físicos los cuales producen

atracción de los espíritus se puede perfectamente entrar en contacto y gobernar sobre los de vibraciones más lentas de las cosas materiales y atraerlos al servicio, riqueza, fortuna, lujo, dominar el espíritu de otra persona, obtener amores difíciles, éxitos, etc.

De hecho, muchas personas logran grandes éxitos controlando y dominando los espíritus de menores vibraciones, y los dominan con el poder de su propio espíritu. Así que hacen no un pacto, si no dominan los elementos de la materia con sus energías, las cuales someten obteniendo cuanto se desea.

Todo el poder está dentro de cada uno, que es de uno, la libertad de caer en el mundo de otros espíritus siendo servil, o de ser dominador y controlarlos.

Sabía, que, si una persona domina a otras, cada vez que domine un espíritu se fortalece por tres, eso pasa con cantantes, religiones y políticos. Y también pasa con la riqueza, la pobreza y demás.

Plano mental

El segundo plano en la escala de vibración donde el espíritu (el suyo o por pacto los demás) genera un puente con el plano material, la mente, es en sí la parte generadora que toma la fuerza o energía espiritual, proyectándola al plano físico.

El espíritu es neutro básicamente, pero la mente le da la polaridad, constructivo o destructivo, es por eso, que, los conjuros, oraciones, invocaciones, evocaciones, hechizos y demás, poseen un alto contenido mágico y poderoso. (*Véase el libro de The Witch oraciones mágicas*)

Para hacer una invocación se debe realizar con fuerza y decisión, no con dudas, es unir su energía, con las energías del mundo espiritual.

Es preferible comenzar en su habitación, teniendo en cuenta las sugerencias que más adelante se hagan, se sugiere leer el texto antes de intentarlo.

Se inicia diciendo:

Abro el pórtico sagrado
Pido, a las entidades presentes,
Que se revelen, y se muestren,
Pido a los espíritus de la noche
Que en esta hora y en este lugar
Por medio de sonidos
Brisas o viento
Se muestran sin causar tormento

Que no aparezcan
Como sombra o fantasma
O como monstruo infernal
Que no lancen quejidos
Ni realicen ningún mal.

En este mi primer encuentro
Hago la invocación
De una entidad de sabiduría
Con ello no hay condición

Al final...
Cierro el pórtico sagrado
De los espíritus lejanos
Gracias doy de corazón
Sin dejar ninguna condición
Ni un pago, ni deuda
Ni nada que reclamar
Solo queda la esencia
De este encuentro informal

Al igual es en el plano mental donde se forja el deseo, la codicia, despertando el poder de poseer, ¿Si no se codicia algo, o se anhela algo, como se obtiene algo?

El universo posee dos cualidades intrínsecas, el mundo material tal como lo conocemos y el mundo inmaterial que intuimos y en algunas veces percibimos, la ciencia hoy debate la existencia del mundo inmaterial, el cual al igual que el material también existe.

Para no entrar a exponer todas las teorías se recomienda mirar un poco sobre física cuántica, y los conceptos de la formación del mundo.

Universo

Tanto en la filosofía como en la física, convergen dos puntos, el universo es Todo, y todo está en el Todo.

El mundo material se desarrolla, según la teoría, a partir de la primaria energía o Gran Explosión, la gravedad hace el resto.

El mundo de la antimateria es la inteligencia dinámica que permite que el mundo material, sea o exista.

De otra manera, es la mente infinita de probabilidades y combinaciones, es la existencia implícita, la antimateria, está en la misma escala de la materia, pero en diferente vibración.

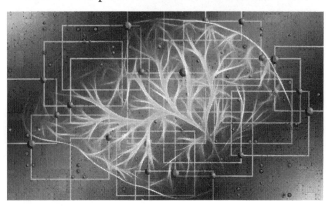

 Si la materia está unida con la antimateria, las energías interactúan en diferentes vibraciones, así, todo cuanto existe posee una representación en el anti-mundo.

De acuerdo con esto, el ser humano posee básicamente lo mismo, una mente divida entre la conciencia y la subconsciencia, la cual realiza o percibe de manera diferente el mundo real o irreal, pero a su vez, tanto el uno como el otro, coexisten en una realidad.

El puente entre lo uno y lo otro, es el mundo de la energía en diferentes escalas de vibración,

emulando la vibración del sonido, notas que se escuchan, y notas en vibraciones más altas o bajas que se ignoran, pero igual existen.

Lo mismo ocurre con el plano mental frente con los pactos, la energía del pensamiento se unifica en las diferentes escalas de vibración de la materia, de esta manera, se genera la atracción, formando un pacto entre la mente y la materia, o entre la mente y otras mentes.

En el plano mental; TODO ES POSIBLE, todo se puede lograr, si se aprende a interactuar con las vibraciones de aquello que se desea.

Bajo este concepto, intuimos que todo el poder está en el plano mental, ahora el uso de diferentes técnicas, rituales, hechizos, conjuros y demás, producen una alteración, al ejecutar una serie de operaciones mágicas, estas, liberan la fuerza del pensamiento necesaria para unificarse con una determinada energía.

Aclaración

Dentro de la mente permanece de manera latente el poder del Todo, pero solo se exterioriza en momentos de impacto mental, terror, miedo, ansiedad, o ante el peligro.

En la antigüedad se requería de un impacto mental para liberar de la mente una determinada energía, la cual se suponía externa a uno mismo.

Hoy es fácil demostrar, que cada cual libera, de su mente, la entidad que desea, basado en la concentración, la constancia, y el poder que fluye de dentro.

Un multimillonario ha liberado la riqueza y la suerte de su interior, al realizar un pacto de riqueza con la misma naturaleza.

Un fracasado, al igual ha realizado lo mismo, ha hecho un pacto con el fracaso, y ha liberado de su mente entidades que le atacan y le llevan a más fracaso.

Ante esta cuestión, se debe comprender que: en cuanto con los pactos se refiere, las entidades y demás son fruto de la mente.

No existe, un ángel o un demonio externo a cada cual, que le proponga un negocio, el alma a cambio de la fortuna.

En otros eventos o anomalías sobrenaturales, existen diferentes entidades, pero con ellas no se puede negociar absolutamente nada.

Algunas se prestarían para obtener ciertos beneficios, pero no como un negocio, sino como una influencia mágica, eso será tema de otro libro.

¿Qué es un pacto?

Un pacto básicamente es un contrato o una alianza, entre dos seres, los dos con el fin de obtener un beneficio.

El uno da algo a cambio de algo, y el otro recibe algo a cambio de lo que da.

Definir un pacto mágico es algo complejo, la mente posee una fuerza inconmensurable, junto con la energía del espíritu, un pacto se considera cuando por algún medio mágico o humano, se intercambia algo por algo.

Bueno, eso se suponía, al principio, que se debía realizar el compromiso de entregar el alma, el cuerpo y la vida, para pagar una cantidad indeterminada de favores o riquezas.

Durante milenios, se creyó que el hombre realizaba pactos con los dioses, sacrificios humanos, para obtener mejor cosecha, en el caso de Hawái, se lanzaba una doncella virgen al volcán, así la diosa Pele, no los destruiría en una erupción.

EST

OMAR HEJEILE CH.

Podemos ahondar en la historia y encontrar miles y miles de pactos entre los hombres y los dioses a cambio de cosechas, amores, dinero, tronos, imperios, muerte de los enemigos y demás.

Pactos mágicos

En la historia, hacia el año 1806, Johann Wolfgang Von Goethe, escribe Fausto, un hombre que realiza un pacto con el demonio a través de Mefistófeles, el cual jura, culto, únicamente al Lucifer.

Más atrás, en la historia, se narran los pactos de aborígenes con entidades extrañas del mundo

subterráneo, al igual que Fausto, quien buscaba únicamente el poder terrenal y el éxito sobre el amor y la fortuna.

Los pactos aparecen en la cultura sumeria, como elementos de armonía entre los hombres y la naturaleza, de donde nace o procede la vieja religión, algunos de estos temas posteriormente fueron cristianizados, generando los pactos con Dios, lo cual termina como un gran negocio de quienes son los intermediarios de Dios.

"E hizo Jacob voto, diciendo: Si fueres conmigo, y me guardares en este viaje en que voy, y me dieres para comer y vestido para vestir, y si volviere en paz a casa de mi padre, Jehová será mi Dios. Y esta piedra que he puesto por señal, será de mi Dios, y de todo lo que me dieres, el diezmo apartaré para ti" (**Génesis 28:20-22**).

Una pregunta, ¿El diezmo se entrega a Dios o los hombres? ¿Humm… a los hombres y estos cuando se lo entregan a su Dios?

Y algo más complejo, ¿Para qué quiere dios plata? Y recibe, cheques, tarjeta de crédito, escrituras, oro, joyas y demás, ese dios, es bien curioso.

Más o menos es la idea de un pacto con Dios y un intercambio o ganancia, comoquiera que sea, se presentan los pactos desde la antigüedad con diferentes entidades, a través del tiempo, se ha dividido en dos situaciones específicas, un pacto con Dios o un pacto con el Demonio.

⊛ Pactos con dios, se paga mucha plata a los hombres, no a dios, y se salva el alma después de la muerte.

⊛ Pactos con el diablo, se paga con el alma después de muerto y, se tienen muchos placeres mientras se está vivo.

El alma a cambio

¿Compraventa del alma, realmente el alma se puede negociar o es un invento de la iglesia para evitar la liberación del pensamiento? De hecho, se supone que existe un pacto con dios de sometimiento o de promesas e intercambios, con el mismo precio, la entrega de la fe y del alma.

Los pactos mágicos no tienen precio y no son negociados, son poderes que fluyen de cada uno, no se tiene que pagar con el alma, ni con nada de eso, de ser así, se pagaría a sí mismo.

La liberación de la fuerza mental para realizar un pacto, en ocasiones requiere de ejecutar una serie de rituales. Algo que se debe aclarar antes de iniciar la ejecución de algunos.

Ningún pacto produce efectos inmediatos como en ocasiones se presenta en algunas películas. Ningún pacto exige la muerte de ningún ser, sea animal o humano, como se comenta en algunos tratados antiguos.

Los pactos jamás se extinguen.
Nadie puede realizar un pacto por otra
persona. Cada pacto es unipersonal, propio y
exclusivo.

Cuando dos realizan un pacto entre ellos, es bajo su entera libertad.

Algunos pactos requieren de alterar la mente, para que fluya el poder.

Mientras se aprende, es más fácil de esta manera, al tener confianza y saber manejar el pensamiento, los pactos no necesitarán elementos materiales.

Es importante, quien se aventure en realizar pactos, debe ser una persona que posea las cualidades mentales de un guerrero.

Que sea una persona:

⊗ Codiciosa.

⊗ Fuerte.

⊗ Con alto sentido de liderazgo.

⊗ Vanidosa.

⊗ Controlada mentalmente.

⊗ Visionaria.

⊗ Soñadora.

⊗ Que no sea conformista.

⊗ Que no sea resignada.

⊗ Que posea gran autoestima.

 ⊗ Que controle sus emociones y mantenga en el equilibrio, tanto el pensamiento como los sentimientos.

⊗ Que no permita ser dominada ni sometida.

En una sola palabra, que quien realice pactos, sea una persona, que quiera ser ganadora.

De lo contrario, si es, sumisa, doblegada, sometida, que sufre por cualquier situación pasajera, si no tiene sueños ni ideales, si piensa en arreglar la vida sin hacer nada, si se deprime por todo, si tiene una pobre autoestima, esa persona debe despertar, antes de hacer pactos, y debe realizar el pacto más importante, el pacto con la vida.

Para complementar antes de iniciar los pactos

De alguna manera, los pactos antiguos son el antagonismo de los pactos que la religión imponía, tales como el bautismo, la confirmación, etc., una especie de entrega absoluta y subordinada con el ánimo supuesto del salvar las almas en el más allá.

Al parecer, de los dos bandos, tanto las religiones como el mundo de la oscuridad, han luchado por el mismo valor, las almas, y de alguna manera se presenta la oferta de favores a cambio de ella,

⊛ Si es en una religión, la promesa de la felicidad eterna luego de la muerte, la gloria del cielo, la paz, el saber que en el otro mundo se gozará de todo lo que en este se careció, será la salvación, pero el precio que se paga no es en el más allá, sino acá.

⊛ No se paga con el alma, pero si con dinero, diezmos, donaciones, regalos, entrega, más la renuncia a vivir, se debe sacrificar los deseos, los pensamientos, se debe evitar cualquier pecado como sea, en una palabra, no se debe vivir, sino ser absurdamente sometido.

⊕ En los otros pactos, es lo contrario, se dan todas las cosas materiales, riqueza, prosperidad, buena vida, lujos, placeres, vivir intensamente, pero como pago supuesto, el alma después de la muerte.

Mirando los diferentes pactos se entra en un conflicto de conceptos, pactos divinos, a cambio de dinero y sacrifico, como premio salvación del alma.

En otros pactos, al contrario, se disfruta de todos los bienes y cosas terrenales; aun así, como precio que se debe pagar, el alma después de la muerte.

Lo cual, si la lógica funciona bien, el concepto de pacto divino o diabólico no pasa de ser un sofisma de algo más importante que existe en la mente humana.

Que ocurre, si los pactos, los realiza el hombre con la naturaleza, sin tener que pagar nada, ni diezmos ni el alma, pues a muchos no les convendría que el hombre descubra el poder de sí mismo y triunfe.

Se debe, como sea, crear un temor, algo que impida mentalmente que el hombre se reconozca como creador, y logre triunfar, así pues; los placeres, mientras se esté vivo, serán un pecado, y se deberá pagar muy altos precios, para salvar el alma luego de la muerte. En otras palabras, el pacto de demonio es peligroso y el de dios bien caro, eso solo lo aceptan los perdedores.

SECRETOS MÁGICOS
DE LOS PACTOS

Todo en el universo está regido por leyes, tanto físicas como energéticas, leyes que ordenan el caos, leyes que corrigen y leyes que destruyen.

Cualquier operación mágica posee implícitamente vibraciones, a su vez otras que las armonizan o la desestabilizan.

Es un juego de energías, regidas y controladas de acuerdo con la actitud mental, es importante recordar: que es el pensamiento el que domina la materia, y no la materia al pensamiento.

La unificación comienza con el estado mental, el poder de la concentración y la fuerza que se libera del espíritu.

Todos los magos y meigas en la antigüedad generaban pactos, con la naturaleza, con algunas entidades, que como ya vimos, son vibraciones, de la misma naturaleza.

Preparación

Para realizar un pacto, se requiere de un principio que ha regido el mundo "Conócete a ti mismo"

A más de conocerse, es comprender que se tiene el poder, y ese poder es "creer" firmemente en uno mismo, así que se debe comprender.

 Primero conocerse, eso significa, saber qué fortalezas se tienen y que debilidades, cuáles son los valores, a donde se quiere llegar.

Como se planifica el futuro, como se obtiene lo que se desea.

Una vez más, este es un manual de magia, y no un libro milagrero, así que vamos despacio, si quiere ¡ya! Un pacto mágico para salir de problemas y tener riquezas, le vale como diez millones, si le parece mucho, piense que se va a ganar como mil millones, pero le sugiero que no invierta en eso, al contrario, aprenda, se debe ir despacio y comprender cómo funciona la magia.

Ahora, creer no es un acto de fe, no es suponer, no es conjeturar, es actuar firmemente bajo una convicción total y absoluta de sentir la fuerza en el interior.

Muchas personas viven en sumisión, viven en la duda y la incertidumbre de sus vidas, porque "creen" firmemente que no pueden ser más.

Al igual, otras, creen en sí mismas, aceptan el reto y el desafío por difícil que sea, superan las dificultades y logran alcanzar todo cuanto desean.

La única diferencia entre el uno y el otro, es el pensamiento y el pacto que se genere con la vida y con ellos mismos.

Para realizar un pacto con cualquier entidad o vibración, dinero, riqueza, fortuna, salud, amor, bienestar.

Se debe primero evaluar cómo se está, y hasta donde se requiere de realizarlo para estar mejor.

Se debe evaluar, que tan grande se es, para continuar con la vida exigiéndose sin recurrir a la magia, o que tanto, realmente vale la pena hacer magia.

En ocasiones es mejor retarse, es verdad que con magia todo es más fácil, pero también es bueno conocer magia y evitar usarla, es aceptar el reto de la vida, saber que la solución fácil está ahí, pero guerrear un poco las situaciones.

Pero eso cada cual lo debe evaluar en su interior, la posesión del conocimiento es para ser usado.

Lo que se espera conseguir

Al realizar un pacto, debe existir un interés, o un deseo de obtener algo, en ocasiones no se valora lo que ocurre, si no se cae en los caprichos, al obtener algo fácilmente, se quiere algo más y más y más, no hay un límite y se puede entrar al mundo del dominio, usando y aprovechándose de situaciones, llegando a causar daño a otros.

La magia da poder, el poder da dominio, el dominio da fortaleza, la fortaleza da sometimiento.

¡Cuidado!

Existe en la magia dos fuerzas antagónicas, luz y oscuridad, y el poder se lleva bien a la luz o bien a la oscuridad, eso dependerá exclusivamente de cada persona.

Ahora bien, la vibración es única, la mente polariza bajo su libertad en que extremo se quiere estar, si en la luz o en la oscuridad, los dos son peligrosos, se sugiere, buscar siempre la armonía.

⊛ Hagamos un pacto, durante la noche de luna llena próxima, vamos a liberar una energía, necesitamos un espejo, dos velas, un círculo de cal o arena.

Vamos a probar que tanta fuerza realmente tiene para la magia.

Ok, vamos a mirar solo a mirar…

Hacia la medianoche, colocamos una silla frente a un espejo grande, donde puede ver su rostro completo.

Realizamos un círculo de sal, alrededor de la silla, se encienden las dos velas en el piso, por favor con precaución de no ir a crear un incendio, coloque las velas sobre un plato con agua, una a la izquierda y otra a la derecha.

De tal manera, que no vea sombras en el espejo.

Se apagan las demás luces y ahora a contemplarse fijamente en el espejo, no le diré lo que va a ver, usted mira…

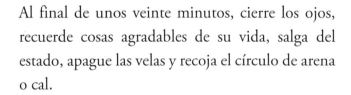

Al final de unos veinte minutos, cierre los ojos, recuerde cosas agradables de su vida, salga del estado, apague las velas y recoja el círculo de arena o cal.

No sé, si realizó la experiencia, si lo hizo, de su mente fluyeron una serie de imágenes, algunas agradables, otras posiblemente raras o extrañas.

O probablemente vio su aura, o se sorprendió al desaparecer su imagen frente al espejo.

Así comenzamos a mirar que algo hay dentro de usted, que se proyecta hacia fuera.

Sugerencia, en cada fase de luna, intente realizar la misma operación mágica, se dará cuenta, que cada vez es diferente, por ahora no hará ningún pedido.

En cada experiencia fluirá de usted, tanto las imágenes negativas o sus temores como imágenes agradables o positivas, luego miraremos como se establece una comunicación para realizar un pacto.

Así se inicia, la apertura de la mente, a otro mundo de poder y magia, si eso es lo que desea y espera.

Recuerde es usted, únicamente quien define hacia donde vibre la polaridad, hacia la luz o la oscuridad.

¿Cómo se hace un pacto?

En este aparte, le solicito de su atención, sé que hay un gran afán por aventurarse a realizar pactos con demonios, ángeles, que tiene necesidades económicas, de salud, o afectivas.

Pero es preferible tomarse unos días más y hacer algo bien hecho, y no arriesgarse a cometer un error y terminar peor de lo que está.

Con todo lo anteriormente visto, se sabe que todas las energías fluyen de uno, pero… se necesita de eventos o elementos en el comienzo, que liberen esas energías del interior del pensamiento. Al final de un tiempo, no hay necesidad de ningún elemento físico para realizarlo. Dentro de la mente de cada cual está el poder total.

En la antigüedad se sugerían una serie de rituales para invocar entidades y demás, así como lugares extraños. La razón de lo anterior es la no aceptación, que el poder está dentro de uno y se libera de uno. Pero el secreto es liberar la fuerza de dentro, ahora miremos.

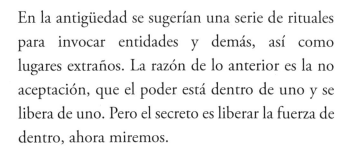

Un pacto se realiza al hacer un pedido a algo o alguien, antiguamente eran dos clases de pactos, básicamente uno con dios y otro con el demonio.

El primero se realiza a través de sacrificios, oraciones, laceraciones, sometimientos, promesas, pago de dinero, novenas interminables a mil santos, devocionarios, peregrinación a santuarios, etc., y esperar sin hacer nada, hasta la fecha, no hay alguien que diga, que sin hacer nada obtuvo el beneficio de un pacto con dios.

Ahora, un pacto con el demonio se suponía una serie de actos o eventos, rituales de entrega, y una firma de aceptación de entrega del alma. Hay muchos testimonios de cantantes, políticos, personas famosas que sugieren que su éxito se debió a un pacto.

Pero en todo esto hay algo de verdad, se sabe que los números y las letras poseen un tipo de poder que, escrito en los pactos, se logra alterar la vibración de una persona, si su nombre está escrito junto con los números.

A manera de prueba, sin hacer pactos todavía y durante siete días, coloque bajo su colchón un papel con su nombre escrito dentro de un triángulo, en cada punta escriba el número seis, antes que piense cosas que no corresponden, inténtelo.

La mente produce un estado especial durante la noche, los sentidos despiertan a otro estado de conciencia, se generan diferentes sensaciones, es más fácil liberar las energías.

En esto se presenta una serie de confusiones, no se encuentra una diferencia entre las ilusiones, sueños, visiones, realidades.

Así como no es posible definir, si determinadas anomalías paranormales como ruidos, presencias, sombras, entidades que actúan en el ambiente, obedecen a una proyección involuntaria de la mente, o a una presencia real.

Es de aclarar, que puede existir que una energía parasita o entidad actué ofreciendo un pacto, esto puede producirse para luego entrar en un estado de pánico, o de autodestrucción, por ello el peligro de la tabla ouija.

 Se cree que algunos comentarios antiguos, sobre presencias, obedecen que, al momento de realizar un pacto, la mente las capta, pero ninguna de esas entidades, puede dar nada material, son netamente energías.

La noche abre muchas puertas a otros mundos incluyendo el interior, se recomienda que:

⊛ Controle su mente ante cualquier aparición no invocada.
⊛ No acepte intercambios de nada con ninguna entidad.

✸ Sea prudente, si tiene sueños, escríbalos, y mire su contenido onírico.

✸ No involucre a nadie en ninguna práctica mágica.

✸ No divulgue o cuente, sus experiencias.

✸ No haga sacrificios de ningún ser vivo.

✸ Si lo atacan en sueños entidades, le hablan, le ordenan, o no lo dejan dormir, esas entidades no obedecen a los pactos.

✸ Si se presentan eventos desconocidos en su hogar, mire con claridad, a que otros motivos puede obedecer, envidias, o rituales de magia destructiva.

✸ Si aparecen marcas sobre la piel, detenga los pactos, algo más está actuando en su entorno.

Se debe realizar las operaciones mágicas, en el mismo lugar, y nada mejor que su habitación, como complemento se debe tener una representación de los cuatro elementos Fuego, Tierra, Aire, Agua. Algunos elementos son necesarios, una pluma, un tintero, pergamino.

Pactos

Es importante resaltar, que los pactos, se producen entre la combinación de los diferentes planos, tanto el espiritual, mental y físico.

De esta manera, a través de los conjuros y las representaciones físicas, se logra una comunicación con las entidades que rigen una determinada vibración, de aquello que se desea atraer.

 ⊛ **Pactos con entidades mágicas**

Para lograr una comunicación se comienza de la siguiente manera:

Durante las diferentes fases de luna

En novilunio, cuando rige el elemento Fuego:

Para atraer las salamandras al servicio y dominarlas, así como todo el poder mágico que representa el Fuego, liderazgo, energía, riqueza, amor, odio, entusiasmo, el brillo del oro, magnetismo y demás.

Se coloca durante el atardecer, antes que caiga el sol, un plato de arcilla negra, en el cual se ha de pegar una vela de color negro. Alrededor, se dejan brazas o pedacitos de carbón apagados, en la antigüedad se utilizaba el aceite de higuerilla para producir un fuego mágico.

Si no se puede conseguir, se hace con alcohol, teniendo especial cuidado de no producir un incendio o alguna quemadura.

⊛ **Pacto con el Fuego en novilunio**

Estando lo anterior listo, se procede de la siguiente manera:

Se enciende la vela y mirando la flama en profunda concentración, retirando cualquier pensamiento parásito de la mente, se dice:

Te invoco presencia misteriosa
Te nombro poder incesante
Te llamo Dijin
Hazte visible y cumple tu promesa
Quien invoque tu mágica presencia
Tendrá de ti el poder de la mutación

Yo te pido...
Que desde este instante
Sé mi guía
Escucha mi llamado
Entrégame el secreto
De dar la luz
Y crear la oscuridad

Concentrado en la flama de la vela, deje pasar el tiempo hasta que se consuma, y su luz irradie los carbones o el aceite, si ha sido conseguido.

Se pueden presentar chispas, señales del pacto.

Cuando, en rituales de magia, se necesita el poder del fuego o se desea atraer algo a la vida, poder, energía, riqueza, fuerza, iniciar algo, darle fuerza a una determinada situación.

Se cogen los carbones o el aceite y se escribe sobre un pergamino.

De acuerdo con tu presencia y nuestro pacto, que este escrito que yo hago quede impregnado de la luz
Invoco la fuerza poderosa, para que se realice lo pactado y se logre lo anhelado, que se convierta en realidad.

De esta manera, se logra que el deseo tenga más luz o poder, se utiliza para firmar contratos, obtener préstamos, permisos, visas y demás.

Con el carbón o aceite para la oscuridad

Fuego sagrado, hazte presente
Cumple el pacto realizado
En este pergamino sagrado
Invoco la oscuridad

Que todo sea oculto
Nada revelado
Ninguna luz podrá mostrar
Que la oscuridad descienda
No como tiniebla
Si no como ausencia de luz
Así no se podrá ver
Lo que escondido este
Quedará oculto, nadie lo va a saber

Se utiliza para, guardar, ocultar, evitar, sellar, cerrar, contratos, negocios, situaciones complicadas, obtener beneficios cuando el otro en algo quiere ganar, es quitarle la luz y el brillo a algo, persona o lugar.

(Se recomienda prudencia al realizar este pacto)

La luz es el brillo, la oscuridad es la falta de luz, lo uno esconde, anula y cierra, lo otro, libera alumbra y hace brillar.

Cómo es un pacto mágico, algo se debe dar cuando se utiliza, a alguien se debe regalar, luz u oscuridad, en su mente usted valorará.

Al usar un pacto de Fuego, obtendrá poder, muchas cosas sin duda si lo sabe usar, así lo podrá lograr.

Guarde con mucho cuidado, los carbones o el aceite, no deje nada suelto, ni que se pueda perder.

Este pacto con el Fuego solo una vez se podrá hacer.

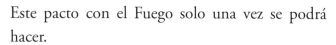 Noches de creciente pacto con el elemento Agua

El pacto con el Agua y sus elementales, ondinas, noditas y nereidas, da como resultado el poder de gestar los nuevos ideales, así como obtener beneficios.

Es de recordar, que no solo es el Agua como tal, si no, se hace un pacto con todos los líquidos, sangre, lágrimas de felicidad, lágrimas de dolor, savia, agua del mar, agua dulce, todo lo que conforme en el universo líquido, el cual es representado por el agua.

Al realizar el pacto, se obtiene la fuerza necesaria para realizar también operaciones mágicas con mayor fuerza y energía.

Durante la noche de cuarto creciente, se toma un platón con agua, se encienden dos velas en el centro del platón, hacia la medianoche se dice:

Poderes de la creación
Fuerza fluida de la vida
Secreto oculto de misterio
Abre tu puerta a este tiempo

Un pacto, ahora quiero realizar
Con mi sangre, prometo conjurar
El líquido mágico de la vida
Ahora... aquí... en este lugar

 Se pincha un dedo y se deja caer una gota de
sangre sobre el platón con agua.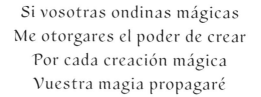

Si vosotras ondinas mágicas
Me otorgares el poder de crear
Por cada creación mágica
Vuestra magia propagaré

Con este pacto sello
Todos los fluidos del universo
Cuando requiera tenerlos
Con mi sangre los llamaré

Se deja que las velas se consuman en su totalidad, hasta que se apaguen con el agua, al ocurrir se baña los pies con el agua pactada.

Desde ese momento, cada vez que necesite utilizar o realizar un ritual mágico, donde prima la creación de un nuevo evento, deberá escribir sobre un pergamino con las tintas celestes, y con una gota de sangre sellar el ritual. (Tinta celeste, tinta azul dejada a la luz de luna llena)

 Recuerde; cuando se necesita invocar la energía de todo lo que es líquido, usted ya abra abierto la puerta de comunicación con ese mundo mágico.

✪ Noches de luna llena elemento Aire

Es quizá el pacto más importante que existe en la magia, se pacta con la puerta del mundo de los espíritus, el inicio, el comienzo, la fuerza absoluta, se pacta con los seres de luz y las entidades de la oscuridad.

El elemento Aire posee la cualidad de abrir los pórticos a las energías mágicas, cualesquiera que sean sus vibraciones. Para realizar un pacto, en el cual se obtiene protección y poder, se ejecutará lo siguiente.

Durante la luna llena, preferible un viernes, en un lugar despejado, o en una terraza oculta a la vista del común. Con anterioridad se deben preparar, los elementos necesarios para la ejecución del pacto, con las entidades de protección.

 Un gran poder mágico se obtiene, al conseguir cinco piedras de diferentes formas y colores, sacadas de un río, durante una noche de plenilunio.

Al extraerlas, se exorcizan de la siguiente manera:

 Se colocan las cinco piedras formando una estrella de cinco puntas y se dice:

Poderes de la noche
Sombras y magia
Os invoco,
Os pido
Que limpiéis este tesoro
De cuanto pueda haber en él
Por la fuerza del Fuego
Por esencia del misterio
Limpias quedan las rocas
Con todo el poder

Luego se ahúman las piedras con una vela, y se sellan con una gota de sangre.

erca de la medianoche, se colocan las piedras y sobre cada una se deja una vela encendida, con tiza o cal, se trazan las cinco líneas del poder, desde cada esquina hacia afuera, formando una estrella de cinco puntas, terminando todas en el vórtice de estrella la cual deberá apuntar hacia el oriente. Estando esto listo, con mucha seguridad en usted mismo, proceda al pacto.

Recuerde, pueden presentarse eventos paranormales, vientos arremolinados en el lugar donde usted este, esferas brillantes, hojas que caen a sus pies, sombras que se desplazan, ruidos inidentificables. Estando en el centro se debe descalzar, mirando hacían el oriente, recite el siguiente pacto.

Sombras y poderes de la oscuridad
Atalayas de la noche
Abrid la puerta y dejad salid

Invoco la fuerza suprema
El poder de la voluntad
Permitid o guardianes del templo
Que en este encuentro
Mi pacto, logre realizar
Con las sombras y misterios
Con el poder oculto
Con el tiempo del invierno
Aceptad mi ritual

Emploques, sombra que gobierna
Aceptad mi llamado
Yo ofrezco a cambio de tu presencia
Mi voto y lealtad

Aceptad mi llamado
Entregad obediencia
Y poderes mágicos a este carnal.

En cada ara sagrada
De cada extremo de esta estrella
Una sombra deseo
Que cada una posea

Así las cinco unidas
El poder total tendrá
Cuando las invoque
Tanto para el bien, como para el mal.
Cierro este pacto sagrado
Prometo cuidar el trato
Al mundo de las sombras
Mi lealtad entregaré
Proclamaré los dones
Que me han entregado
Para que otros también
Los posean

Cuando la muerte, a mi alma llame
De la tiniebla no seré
Continuaré mi andar cerrado
A la luz de otro amanecer

Os pido sombras mágicas
Conceded la virtud
Entregad los secretos
Cumplid vuestra misión
De dar a quien os invoque
El poder de la ilusión

Al terminar, debe dejar la huella de sus pies grabada en la tierra, durante un tiempo, cierre los ojos y perciba, luego espere, hasta que las velas se consuman en su totalidad, tome las aras mágicas y consérvelas en una bolsita, cada vez que necesite el poder de las sombras en forma de estrella las ha de colocar.

Usos

 Cuando necesite del poder de las sombras para ocultar, o mejorar una situación, cuando se sienta que hay obstáculos y oscuridad, al desear darle fuerza a un hechizo, el querer tener influencia sobre una persona o un negocio para que sea benéfico para usted. O para conocer secretos antes de comprometerse. Atraer el poder, la sabiduría mágica.

En la medida que se interactúa con el mundo de las sombras, se irá sensibilizando a su presencia, así que evite alterarse cuando las presienta.

Es importante aclarar que, al realizar este pacto, luego no se puede anular.

El convivir con las sombras da poder, pero debe acostumbrarse a su influencia, las sombras le exigirán para que sea mejor en su vida, de manera integral, si cae en la pereza o la desidia, o abandona su tarea, lo atormentarán.

Se sugiere

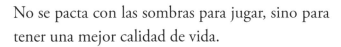

⊛ Exíjase en su trabajo y compromisos

⊛ Estudie

⊛ Aproveche el tiempo

⊛ Siempre traté de estar bien presentado, las demás personas pueden notar su energía mágica.

⊛ Fluya hacia metas y objetivos.

No se pacta con las sombras para jugar, sino para tener una mejor calidad de vida.

Al usar las sombras para atormentar, es otro tema, encontrará información en el libro, magia oscura.

Noches de cuarto menguante

Elemento Tierra

El pacto con la Tierra y sus elementales, atrae la fortuna, el trabajo, la riqueza, la salud.

Quien pacta con la tierra, asume la responsabilidad de, al obtener beneficios, permitir que otros los obtengan.

Durante la noche de cuarto menguante se realiza el siguiente pacto.

Debe conseguir arcilla o barro, preferiblemente virgen, de alguna excavación, que no haya sido pisada por ser alguno.

Un alfiler o aguja totalmente, desinfectado (preferible una aguja desechable)

Una chispa de oro (un pedacito de oro)

Una piedra recogida de un río, la cual se toma entrando de espalda y saliendo de espalda de la corriente.

Estando lo anterior listo, se procede de la siguiente manera:

Con la arcilla virgen se hace un huevo, en el centro de este se coloca la chispa de oro, y la piedra tomada del río.

Se alista el dedo índice de la mano izquierda, y se pincha obteniendo tres gotas de su sangre, las cuales depositará luego del pacto dentro del huevo, con la chispa de oro y la piedra.

Durante la noche de cuarto menguante, preferiblemente cerca del equinoccio de primavera, y durante un jueves en la noche, estando en un lugar solitario y a oscuras, encenderá tres velas en forma de triángulo, en el centro colocará el huevo de arcilla sin cerrar.

Estando descalzo, proceda a realizar el pacto con los seres de la naturaleza:

Poderes ocultos
Guardianes de tesoros
Gnomos y duendes
Haceos presentes

No como sombras
Ni vientos extraños
Ni como huracanes
Sin gritos ni engaños

Un pacto con vosotros
Quiero realizar
Entregadme el poder
Para el oro obtener

Dadme el secreto
De la tierra tener
Todo el sustento
Y todo el poder

Yo os entrego
Mi sangre y mi ser
La fuerza de mi mente
Para haceros creced
Dibujo los signos
Que son mi firma
De este pacto
Toda la alquimia
Se ha de obtener

Terminado lo anterior se dibujan en el suelo siete letras ele L, L, L…

Luego se procede a colocar en el huevo las tres gotas de sangre, se sella con la arcilla y se escribe sobre el huevo una "L" invertida.

Al amanecer del otro día, el huevo se debe sembrar entre las raíces de un árbol frondoso.

A partir de ese momento se sugiere, iniciar labores con dedicación, es importante una vez más aclarar:

Al realizar un pacto con la Tierra, no se tendrá el resultado por sí solo y sin realizar ningún esfuerzo, no llegará la abundancia deseada.

Algunas personas pueden pensar, que, con pedir, las cosas aparecerán de la nada, en el pacto con la Tierra, se abren las puertas de la fortuna, el poder, la riqueza, pero se debe ir en su búsqueda.

Si lo hace, y se exige, se dará cuenta, que todo fluye sin dificultad y sin barreras.

Al hacer un pacto material se abren las puertas, esté atento, pronto llegarán nuevas oportunidades, sea consciente que la magia es de dos, la fuerza de la naturaleza, unida a la fuerza de la voluntad, así que adelante con sus proyectos.

Recuerde se aprende más de las equivocaciones.

"Si justificas que no puedes, indudablemente así será"

Los siguientes pactos son la recopilación de antiguas fórmulas secretas, con la cuales se obtuvo comunicación con seres de otras vibraciones, su realización está sujeta a su actitud.

Símbolos mágicos exclusivos para los pactos.

Los símbolos utilizados en la realización de los diferentes pactos son, en sí, la manera de controlar y ordenar a las determinadas energías un movimiento, una indicación, así como protección ante otras entidades parasitas que pueden suplantar las energías, con las cuales se desea pactar.

Símbolos de protección

En la magia de los pactos, es importante estar siempre protegido, al abrir la puerta al mundo de las sombras, se presentan entidades desconocidas, las cuales pueden atacar a quien realiza una invocación de otra entidad.

Para realizarlos se utiliza:

- Cinta o hilo blanco
- Tiza
- Arena
- Cal
- Piedras
- Cera de velas

Dos símbolos, son importantes en la protección de energías, se debe permanecer dentro de los mismos durante todo el tiempo en que se realiza el ritual, por eso se deben tener siempre listos, los elementos que se van a utilizar de tal manera que no tenga que salir de las figuras de protección.

Círculo

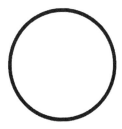

Es el símbolo básico por el poder que representa, la unión, el sello, lo impenetrable, es la fuerza que evita que el campo de energía de quien ejecuta el ritual se vea alterado

  83

por las energías que fluyen al mismo tiempo, cuando se invoca una en especial.

Para realizar invocaciones y pactos se realiza el círculo de izquierda a derecha.

Para realizar rituales de magia oscura, se realiza de derecha a izquierda.

Es importante que la unión quede bien cerrada, que no haya espacios, debe ser una línea continua.

Precaución

⊗ Si al ejecutar un círculo, escucha un perro aullar, es una mala señal, detenga la experiencia.

⊗ Si al realizar el círculo, se presenta un viento fuerte, o una brisa en la cual se escuchan silbidos o voces, termine el ritual rápidamente y aléjese de ese sitio.

⊗ Sí, terminado el círculo, se comienza a mover por sí solo, como si algo empujara, o lo levantará, debe controlarse, bajo ninguna condición salga del mismo, puede tener alucinaciones, si sale del mismo, será atacado por entidades desconocidas.

⊛ Al preparar el ritual, siente que el círculo se va cerrando o se comienza a desaparecer, pronuncie las palabras

SIGDE, MORT, EN SUS AMI

Son mágicas, se pronuncian únicamente cuando esto sucede.

⊛ Por su seguridad, ejecute las invocaciones, cuando se encuentre sereno, y cuando sea consciente que nadie va a interrumpir, si comienza termine, no deje puertas abiertas al mundo de las sombras, si lo hace, posteriormente, será muy difícil liberar esas energías.

stop

Cuadrado

Este símbolo posee características mágicas muy

importantes, no solo como protección, sino como proyección de pensamientos, su uso está dado cuando se hacen invocaciones con el ánimo de enviar sombras o entidades a otros lugares, la explicación se encuentra el libro "Manual de magia oculta"

Se debe realizar, dejándolo ubicado siempre en línea con los cuatro puntos cardinales, oriente, occidente, norte y sur.

El cuadrado representa la fuerza de la sabiduría, el poder de la proyección del pensamiento es un excelente protector de energías parasitas, también se utiliza, para colocarlo o formarlo atando los cuatro extremos de las camas, cuando las energías atacan en las noches.

Para aumentar el poder de los símbolos de protección, se realiza dentro del círculo una

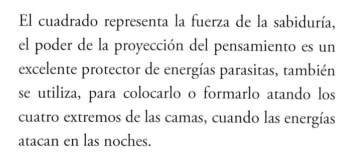

estrella de cinco puntas. Dentro del cuadrado, cuatro triángulos, esto aumenta el poder mágico, con la práctica y el entrenamiento, se descubre el poder que se genera. La fuerza que se irradia y el poder que se obtiene, en el control de las energías.

Estrella de cinco puntas

El símbolo clásico de la magia posee poderes ocultos, si es bien dibujada.

 La dirección con la que se proyecten las aristas da la intención de lo que se desea obtener, así como  la colocación derecha o inversa de la estrella, atrae o aleja determinadas entidades.

Cada extremo o punta, representa una fuerza, un poder y una energía mágica.

Para completar un altar mágico, se debe colocar una representación de cada elemento y estudiar la verdadera filosofía que representa, al derecho es la protección, invertido es el poder de la oscuridad.

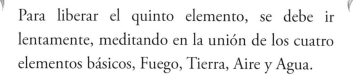

El quinto elemento es la fuerza mágica del espíritu, o la quintaesencia del poder, es la energía que forma la unión entre la mente y el espíritu. Su uso se descubre en la medida que se profundiza en el conocimiento mágico y las ciencias ocultas.

Para liberar el quinto elemento, se debe ir lentamente, meditando en la unión de los cuatro elementos básicos, Fuego, Tierra, Aire y Agua.

Para quienes ahonden en el conocimiento mágico, se recomienda tenerla ya impresa en un paño negro.

La estrella al derecho

Su punta es única, el poder mágico se sostiene en la tierra en sus dos extremos, colocada de esta manera, se une la tierra con el mundo espiritual, se convierte en llave que abre los pórticos del mundo de los antiguos, genera una energía de control, sobre las entidades y energías que rondan el plano etérico.

Al unir los cinco poderes, este símbolo, atrae y genera, las fuerzas desconocidas de la unidad, entre la mente y el mundo de las sombras.

Toma más fuerza cuando se dibuja y se encienden cinco velas negras en sus puntas y se ejecutan los diferentes rituales.

Si se utilizan las cinco piedras mágicas y consagradas, el poder que genera esta estrella, no tiene límites, intente realizar diferentes rituales, en las diferentes fases de luna, y, en las diferentes estaciones, es muy complicado transcribir, todo el universo de poderes que se obtiene con su uso.

Invertida

Al estar la estrella invertida, cambia su fuerza, se abre la puerta de la magia, es la representación del poder oscuro que se levanta, la figura de esta manera cambia su simbología.

El hombre único en la tierra, y las dos fuerzas antagónicas en el cielo, el bien y el mal, la quintaesencia se transforma en la fuerza del equilibrio, el poder en armonía, ni bueno ni malo, sino poderoso.

Los extremos derecho e izquierdo se convierten en el secreto del mago, si se varía hacia un extremo genera un cambio en el otro, y así sucesivamente, al analizar la estrella invertida y conocer su filosofía, se descubre la mutación de la vida, al descubrirla se transforma en el quinto elemento.

Solo mediante el conocimiento y la experiencia descubrirá, el poder que se oculta en la estrella, no se transcribe, de esta manera, usted, logrará profundizar más en su conocimiento.

Estrella de seis puntas

La estrella de la sabiduría se utiliza en los rituales como la fuerza del conocimiento, sus seis triángulos y su hexágono interior, representan los siete principios de las fuerzas mágicas y la mutación de la vida.

Se dibuja o coloca cuando se desea obtener el conocimiento hermético, la base de la magia, el templo sagrado de las transformaciones.

La magia es un arte que se debe descubrir lentamente, este símbolo, si se medita en él, muestra el sendero hacia el interior del pensamiento.

Siete principios, un Todo absoluto:

- ✸ Mentalismo
- ✸ Correspondencia
- ✸ Ritmo
- ✸ Vibración
- ✸ Polaridad
- ✸ Causa
- ✸ Generación

Quien desea profundizar, debe meditar en estos principios, recuerde la frase de la magia. Cuando el alumno, está preparado, vendrán los labios para llenarlo de sabiduría.

El Kybalión

Sugerencia:

Es importante que quien vaya a ejecutar los diferentes pactos posea el libro "El Poder del Mago" y el uso bastón mágico.

Sin ese conocimiento, el control de las diferentes entidades se convertiría en un problema y, por ende, la magia se transformaría en una tortura.

Si se carece del bastón mágico, se fabrica con el molinillo, preferiblemente que este quemado.

Preparación para realizar un pacto mágico

El realizar, un pacto donde la incertidumbre de lo que pueda pasar genera una especie de temor, el ejecutante debe aprender a controlar su mente y evitar las alteraciones, esto se logra si se acostumbra a estar en la oscuridad y estimular los sentidos internos, como el reflejo de proximidad.

El autocontrol y la serenidad son las herramientas más valiosas en cuanto con los pactos, la ansiedad y la desesperación entorpecen cualquier operación mágica.

 Al igual, se debe evitar comentar las prácticas que se realizan para evitar el influjo negativo y la poca compresión de estos, si las personas se enteran, rápidamente le aislarán por suponer que usted puede actuar en contra de ellas.

⊛ Elija un sitio para ejecutar sus rituales, preferiblemente en solitario.

⊛ Evite invitar a otros, nadie sabe qué energías rondan a las personas, las cuales pueden atacar o dañar su intención.

⊛ Aliste todos los elementos con antelación, y trate de memorizar las oraciones o cópielas a en páginas apartes.

✸ No rompa abruptamente un pacto o una ejecución mágica. Si lo hace, en el momento en que pueda cierre el ciclo.

✸ Evite asustarse

✸ Vaya despacio, no se apresure, si lo hace lentamente, avanzará más rápido y logrará reconocer las energías.

✸ No se exponga, ni se aventure más allá de sus capacidades y conocimiento.

✸ Sea disciplinado en sus prácticas

✸ No se desanime, si en los primeros momentos no logra su objetivo, o no percibe ninguna sensación.

✸ No haga tratos, ni cumpla órdenes de las voces que pueden aparecer en sueños, o durante momentos del día.

✹ Aprenda a controlar su pensamiento, recuerde esto, no es un juego, se abre la puerta a otro mundo desconocido.

✹ No pida dinero o riqueza porque sí. Es preferible solicitar recursos para ser rico.

✹ De usted y de nadie más, es la libertad de ejecutar o no cualquier pacto, no existe obligación.

Comenzando

En lo esencial se debe tener una especie de altar, el cual se debe respetar y cuidar, si no se puede lograr por la convivencia con otras personas, se debe tener al menos las figuras o representaciones que se requieran.

Los pactos que se ejecutan en lugares diferentes al sitio de habitación deben ser elegidos con anterioridad y evaluando que no se corra riesgos, de accidentes o conflictos, aún no se ve, con buenos ojos, a alguien que, a medianoche, en un cruce de caminos realice una invocación.

Si se realiza en bosques o paisajes, conozca con antelación el lugar, visítelo de día, mire sus diferencias geográficas, y sea prudente con los fuegos que encienda, evite un incendio forestal.

No se aventure, ningún pacto deber ser superior a su seguridad tanto mental como física.

⊗ Se sugiere el uso de ropa suelta, teniendo cuidado con las llamas de las velas.

 ⊗ Preferible es, estar descalzo.

⊗ No use productos inflamables.

⊗ Si utiliza velas, use las más pequeñas que consiga.

⊗ Un pacto no debe durar más de unos minutos, de lo contrario, sería muy difícil, manejar las energías que comienzan a fluir, se termina en un problema de difícil resolución.

⊛ Termine siempre el ritual con una oración de gratitud a las entidades, así estas no se hayan hecho presentes.

⊛ No olvide recoger al terminar, el círculo o el cuadrado de protección, conserve todos los elementos limpios y bien guardados.

Primeros pactos

Fuera de los anteriores con los elementales, se inicia con pactos de baja vibración, a manera de entrenamiento.

En cualquier día, luego de acostarse y relajarse, levantase pasada la medianoche.

Haga un círculo de pequeño diámetro donde pueda estar de pie, encienda dos velas negras, una al lado derecho y otra al izquierdo.

Con calma y sin encender ninguna otra fuente de luz, diga verbalmente:

Pido a las huestes de tiempo
Permiso para establecer un contacto
Si una entidad, fluye cerca
Que se haga presente

Como ruido
Como una brisa
Como un silbido

Que no aparezca como ser
Que no sea monstruosa
Y de serlo, que no se deje ver

Que no rompa ventanas
Ni haga nada malo
Solo es un contacto
Para comenzar.

Pasados unos minutos sin importar que no sienta nada diga:

> Gracias doy
> Cierro esta puerta
> Si algo ha pasado
> Que se devuelva
> Que nada queda acá
> Todo se quede allá
> Cierro en mi mente,
> el pórtico del más allá

Durante unos minutos esté atento a sus sensaciones, luego apague las velas, retire el círculo y vuélvase a dormir, recuerde las entidades pueden aparecer cuando esté dormido.

¡Por favor!

Evite asustarse ante un ruido, una voz, un silbido, un viento, una brisa o una presencia.

Si siente nervios o miedo no se aventure a practicar un pacto. Espere que este seguro y sienta confianza de realizarlo.

Pacto fácil con la riqueza, no con entidades.

Hacia el amanecer de una noche de luna llena o plenilunio, levantase temprano antes que salga el sol, encienda tres velas de color amarillo, y colóquelas formando un triángulo, que apunte hacia el oriente. Concentre su mente en el sentimiento de la fortuna, recuerde, no es pedir dinero, es atraer las alternativas para obtenerlo.

Levante las manos y diga:

Pacto con la vida
Con el sol, Con día
Que en este instante comenzó

Que venga la fortuna
Que no esté para mí escondida
Que me muestra la salida
Para esta situación
Invoco la Tierra y el Fuego
El poder de transformar
Mi pobreza en riqueza
Que se marche todo mal.

Como pacto sagrado
Prometo entregar
Una parte de lo que obtenga
A otros, con este ritual.

Pacto con entidades

Se realiza en la noche de novilunio, igual se prepara, se hace el círculo de protección, pasada la medianoche, se enciende una sola vela, la cual se deja atrás o a espaldas, de tal manera que vea al frente su propia sombra y las sombras que pueden aparecer.

Con mucha seguridad y evitando los temores diga:

Sombras de la noche
Seres desconocidos
Invoco la protección mágica
Para establecer esta comunicación
Si alguno está presente
Por algún medio se muestre
Como sombra
Como brisa
O como hielo, que se siente

En el momento en que perciba una presencia, diga con seguridad:

Te he llamado
Para que me guíes
Dame el conocimiento
Enséñame el camino
Para dominar

En ocasiones las sombras se desvanecen sin más eventos, en otras si se pierde el autocontrol y se cae en la desesperación, las entidades empezarán a molestar.

En este evento, es prudente conservar la serenidad, no dejarse dominar por la situación y simplemente cerrar el círculo diciendo.

Gracias por la presencia
Volverás con obediencia
Y mi mandato será escuchado
Cierro el pórtico abierto
Que nada de allá pueda pasar
Ni se presente en sueños
Ni altere, ni cause mal

Se termina el ritual, se recoge el círculo, se apaga la vela, y se regresa a la normalidad, puede suceder que la respuesta ocurra de la manera como usted no espera, en un sueño revelador, o al otro día por alguna vía inesperada le llega la información.

En esto se debe aclarar, mucha gente supone equivocadamente que al pactar una energía es algo similar a tomarse un café con un amigo, en un diálogo informal, que uno pregunta y la entidad contesta en perfecto idioma.

Así no funcionan los pactos, se puede obtener la respuesta por medios físicos, libros, comentarios, personas que hablan de un tema, el encuentro con algo que le da indicaciones. Las energías generan una seria de causas, para dar la respuesta o indicar el camino a seguir.

⊛ Pacto de sangre

Uno de los pactos más sencillos de realizar, donde no actúan entidades, sino únicamente la libertad de las personas que participan en el ritual.

Un pacto de sangre unifica las fuerzas mágicas de quienes en él participan, es una entrega libre y voluntaria, con el poder de fortalecer, un amor, una amistad, un negocio, producir una mayor fuerza mágica en la ejecución de rituales.

Complementar una vibración de energía, estar unidos para la eternidad, un pacto de sangre no se puede terminar.

Al menos durante esta vida, no hay lógica al pensar que pueda traspasar la frontera de la muerte a otra vida.

¿Cómo se realiza?

Antes de explicar es prudente el siguiente comentario, hoy por hoy infortunadamente por las diferentes enfermedades de contagio, es prudente ser consciente que; al realizar un pacto de sangre con otra, u otras personas, se puede contraer diferentes tipos de enfermedades incluyendo el sida.

La responsabilidad es de cada cual, y así mismo su libertad.

Pacto

Se debe conseguir una copa, vaso, cáliz, en el cual se mezcla agua y sal, los dos elementos que por siempre existirán. Al estar reunidos se deja caer en el cáliz, tres gotas de sangre del dedo corazón de la mano izquierda de cada uno de los participantes en el pacto.

Se encienden tantas velas como personas participen del mismo. Luego, todos levantando el cáliz hacia lo alto se dice.

Ofrendo mi sangre, para mis amigos, que serán mis hermanos.

Para lo que sea
Cuando sea
Como sea
Con quien sea
Ahí estaremos unidos

Luego cada uno beberá un sorbo de la sangre con agua y sal, y dirá:

Tomad de mí ser, bebed de mi sangre, permaneced para siempre unidos a mí.

Bebo tu sangre y te recibo en mí, al igual me entrego, para siempre a ti.

Así cada uno hasta terminar, luego se dice la intención del pacto:

Nos unimos en este acto sagrado, con el poder de la vida, la fuerza de la sangre, para cruzar nuestras vidas y enlazar nuestras almas.

Aquello que a uno le suceda, será lo mismo para todos, que aquello que uno tenga, será del mismo modo.

Si uno cae, estaremos todos, si uno gana, también será de todos.

Consecuencias

Un pacto de sangre puede generar en situaciones muy complicadas donde se pierde la dignidad, el obtener poder, también trae gran responsabilidad, y esto, es muy difícil de mantener entre más de dos personas, siempre se querrá intentar vencer los límites, es cuando se cae en un abismo del cual será muy difícil de salir.

Se llega a tal punto de unión, que, lo que uno siente, lo sienten todos, un pacto de sangre da poder, y mucho, pero también posee muchos riesgos, de cada cual depende, hasta donde quiera llegar.

Si se realiza entre personas que profesan los mimos intereses, la misma exigencia, se convierte el pacto en una gran fuerza sin límites de progreso.

A toda costa, se debe evitar el intercambio sexual.

Pacto de sangre individual con energías

Quienes buscan el poder y la fuerza, el progreso y la estabilidad, aun sin saberlo, forman y realizan pactos con energías, y sellan el pacto con su sangre.

De hecho, muchas personas lo han hecho de manera involuntaria al pensar en el deseo de mejorar, al hacerlo, invocan una energía y ese día de manera casual se cortan y la sangre firma el pacto.

Se realiza de siguiente manera:

Al caer la tarde, muy cerca del crepúsculo, se consigue un pergamino, una pluma de ave, dos velas, una negra, otra blanca. Se coloca frente a un espejo completamente desnudo, enciende las velas sin que quede ninguna otra fuente de luz, solo las velas y el atardecer.

Se enciende la vela blanca a la izquierda y la vela negra a la derecha, se coloca el pergamino en el centro, se dice:

Invoco los poderes de misterio
Las fuerzas de la libertad
A esta hora firmo un pacto
Que no se romperá

Rompo con la pobreza
Pacto con la riqueza
Rompo con el abandono
Ahora tendré un tesoro

Dejo la miseria
Encuentro la gloria
Entrego mi sangre
Para obtenerlo todo
Hago un pacto sagrado
Invoco los vientos
Que traen el sustento
Invoco la fuerza
Que mueve el universo
En este lugar
En este momento
Escribiré mi pacto
Será mi deseo
Quiero el poder
De todo tener

Si en verdad es su deseo, debe pinchar el dedo meñique de su mano derecha, permitiendo que varias gotas de sangre caigan en la parte superior izquierda del pergamino, de allí con la pluma deberá escribir en el centro de este las siguientes palabras mágicas, son la llave que abre las puertas a un pacto con las energías mágicas.

Lat es, Adfan Giaal, te invoco
Hatter te entrego
Esaut te espero

Abagin set los traim do lu

Al terminar de escribir estas palabras, doble el pergamino desde las esquinas al centro, luego la parte inferior y por último la parte superior hacia el centro.

Selle el pergamino colocando gotas de cera de las dos velas y por último una gota de su sangre. El pergamino lo debe conservar bien guardado, a partir de ese momento, y si realiza un despojo de aquello que no le sirve en su vida. Se dará cuenta rápidamente, como se presenta un cambio radical, siempre que se ayude en la búsqueda de ese cambio.

Es importante aclarar que, al firmar el pacto, usted se compromete con las entidades, por cada avance, o beneficio que se le otorgue, deberá ayudar a otros.

No puede comentar el secreto con nadie, y algo importante, esté atento a las oportunidades y mantenga siempre sus manos bien arregladas. Usted probará su magia.

Absténgase de los testimonios, lo que suceda, déjelo en su corazón.

Posterior a esto deje que las velas se consuman en su totalidad, contémplese en el espejo, mire fijamente y se dará cuenta; ya no estará solo.

 Este pacto no se puede disolver, si se olvida de apoyar a otros pierde.

✳ Pacto secreto y mágico de la sexualidad

Cuando el amor ha causado dolor y la vida ha abatido los sentimientos, cuando se cae en la desolación, la infelicidad, la soledad y la tristeza, se puede realizar un pacto con la magia tántrica del amor.

La sexualidad posee una serie de energías muy poderosas, de hecho, es la piedra fundamental de la vida.

Las infestaciones sexuales llevan a la degradación de las energías, las cuales, a su vez, llevan al abandono de la vida.

Durante una noche de luna llena, ejecute el siguiente pacto, se requiere de una mente abierta y no de un interés morboso.

Debe tener una vela de color rojo, aceite de sándalo, una prenda íntima que pueda desechar, una cajita de regalo bien decorada que llame la atención.

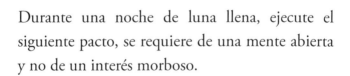

Se requiere de su concentración mental, para realizar este pacto sexual.

Apague la totalidad de las luces de su hogar, encienda la vela, humecte su cuerpo con el aceite de sándalo, y acuéstese bocarriba completamente desnuda/o.

Trate de imaginar las personas o parejas sexuales que haya tenido, mire en su mente sus rostros, y recuerde de qué manera le marcaron, trate de negociar con sus sentimientos, sin sentir rencor, dolor, amargura, nostalgia, y menos excitación.

No se puede abrigar, si siente frío deje que el frío le inunde, si comienza a temblar, trate de resistir al máximo.

Posterior a esto con su prenda interior acaricie su cuerpo, liberé su sentir, si tiene pena de reconocer su sensibilidad, no lo haga, no se sienta presionado a ejecutar algún acto, en contra de lo que considera que no deber realizar.

Si continúa, acaricie su cuerpo con la prenda, únicamente debe pensar o imaginarse a usted mismo, permita que las sensaciones despierten y se liberen las fuerzas atrapadas y limitadas.

Cuando haya logrado un nivel de deseo y excitación, deténgase, una vez mire en su mente los recuerdos, sienta cómo se asimilan sin causar malestar y lentamente se esfuman, una vez continúe con usted.

Esto mismo debe ejecutarlo hasta que en su mente las imágenes pasadas no causen malestar.

Déjese llevar por sus sensaciones, hasta alcanzar si es posible el clímax de su deseo.

En el momento en que su cuerpo libera su fuerza interior, atrápela en la prenda íntima.

Haga un nudo sobre la prenda con la misma, y séllela con cera de la vela que para ese momento estará a punto de extinguirse. Deje la vela encendida hasta que se consuma en tu totalidad, sea prudente con los incendios.

Deje la prenda a la luz de la luna llena. al amanecer del siguiente día, coloque la prenda en la cajita decórela muy bien.

Cuando alumbre el primer rayo de sol, diga lo siguiente en voz alta:

Espíritus del Agua y del Aire
Sombras y encantos
Un pacto os propongo
Liberad mi cuerpo de ataduras
Romped las cadenas del dolor

Devolvedme el amor perdido
Haced que vuelva la ilusión

A cambio yo os entrego
Lo que pidáis en condición
Que no sea cuerpo ni alma
Ni tampoco una destrucción
Vosotros sois poderosos
Nada necesitáis
Si podéis ayudarme
Hacedlo sin condición

Terminado lo anterior saque la cajita de su hogar, colóquela en un jardín y no vuelva a mirar. Lo que ocurra de ahí en adelante, no le debe importar.

Se recomienda, un cambio de actitud, y una renovación de su presentación personal. Recuerde la magia actúa, pero solo si usted se ayuda.

⬠ Pacto con las brujas

Este en un pacto algo más avanzado, se requiere de serenidad y seguridad que realmente es el que se desea, su resultado dependerá no de usted, sino de las energías que está invocando, si lo encuentran digno de unificarse, se logra, sino, le ignorarán.

Si es aceptado, obtendrá grandes poderes, y la capacidad de realizar prodigios con su pensamiento.

Recuerde, la verdadera bruja, es una mujer de mucha sabiduría que domina la ilusión del mundo material, si le entrega los poderes, usted también podrá.

Para este pacto, ya se requieren otros elementos, se necesitan las cinco piedras que se utilizaron en el pacto del Aire, en la noche de plenilunio.

Sal para realizar un círculo

Grasa de res

Carbones de madera quemada

Un recipiente donde derretir la grasa

Tres velas negras

Ramas secas

Hilo de cáñamo

Tabaco

"Se debe aclarar, no es un pacto sencillo ni fácil de ejecutar, si usted realizó los anteriores, le quedará más fácil, de lo contrario evite ejecutarlo".

Este pacto se debe realizar preferiblemente durante el Sabbat del Beltane.

Durante la primera luna llena del mes de mayo, se debe buscar un lugar preferiblemente un bosque, se puede realizar de manera individual o grupal, ya que es la fecha de la iniciación.

Se realiza lo siguiente antes del pacto y la oración.

Se entrelazan las ramas secas y se unen con el cáñamo, se deben fabricar doce triángulos, los cuales deberán llevar entrelazados tres ramitas en el interior, luego se deben colgar de los árboles cercanos.

En un prado cerca de los árboles se hará un círculo de sal, lo bastante amplio para que tres personas puedan trabajar, si se hace de manera grupal.

En el centro, se colocan las cinco piedras, formando una estrella de cinco puntas, las cuales se unen con sal, quedando dibujada una estrella de sal.

En el centro de la estrella, se hace un pequeño fogón con los carbones de madera, alrededor del mismo se encienden las tres velas negras, en el recipiente, se derrite la grasa, cuando se haya derretido se riega formando otro círculo, alrededor de los pies de cada participante.

Luego se enciende el tabaco y cada uno, deberá soplar el humo, sobre el hombro izquierdo del compañero, si se está solo, se colocará el tabaco para que el humo inunde el lado izquierdo.

Terminado lo anterior, se deja que las llamas del fogón se extingan, y quede solo la luz de las tres velas, al igual que se deja que el tabaco se apague.

En ese momento se pueden presentar alteraciones del clima, lluvia, truenos, vientos, movimientos extraños, sonidos raros, trate de controlar los nervios y no salga del círculo de sal, ni del centro de la estrella.

Si algo muy fuerte ocurre, como una gran tormenta, que va borrando el círculo, recoja las cinco piedras mágicas y busque protección. En cuanto pueda trate de volver a ejecutar el pacto, si ya pronuncio el pacto, aléjese de ese lugar.

Estando listo, se debe recitar en voz alta el siguiente llamado:

Brujas y meigas
Feas y bellas
Fofas, delgadas
De nariz fina
O arrugada
Bien, vestidas
O mal arregladas

Viejas o jóvenes
De los bosques encantadores
Sucias o limpias
Malas y buenas

Brujas mágicas
De todos los rincones
Os invoco a todas
Negras o blancas
O de mil colores

Con el humo del tabaco
Un pacto quiero hacer
Que me acepten en el coven
Magia quiero aprender

Del tejido siniestro
De la mortaja negra
Del gato encerrado
Todo lo quiero saber

Arreglar amores
O hacerlos desaparecer
Poner mal de ojo
Y quitarlo también
Leer las cartas
Saber lo que va a suceder
Ser como vosotras
Y el poder tener
Si aceptáis este pacto

Hacédmelo saber
Aprenderé los secretos
Jamás los revelaré

Recitado el pacto anterior, se enciende nuevamente el fogón, en el cual se quemarán los triángulos de ramas secas, la sal, las velas, se dejan en ese lugar, se recogen las piedras sagradas.

Antes de salir de la estrella, se dice:

A todas vosotras
Dueñas del poder
Gracias os damos
Por acceder
Este círculo cerramos
Que nada en este lugar
Pueda suceder

Se sale de espalda, tanto de la estrella como del círculo de sal, se dan doce pasos caminando hacia atrás, se voltea y se va.

No vaya a voltear a mirar atrás, escuche lo que escuche, así lo llamen por su nombre. Puede sentir aleteos, gritos, risas, voces, silbidos.

De la misma manera, se debe estar pendiente de las señales que aparecerán en sueños, o en personas que se le aproximen, recuerde que será probado, para ingresar al mundo encantado. (*Véase el libro Señales de Brujería*)

Si es aceptado, encontrará el sendero hacia el conocimiento mágico, se unirá o llegarán extrañas invitaciones, de la manera como menos se imagina, para algunas personas desde la antigüedad, el pacto con las brujas era considerado una entrega del alma al demonio, a cambio de poderes y sabiduría, hoy se conoce, que realmente las brujas son mujeres con increíbles capacidades psíquicas.

Este pacto de magia no tiene un tiempo, por eso se sugiere que en bien lo haga lo olvide, en cualquier momento, y sin avisar, las señales han de llegar, evite comentar su intención, de igual manera no demuestre ansiedad, simplemente, deje todo pasar, usted sentirá el momento exacto cuando las energías ronden, su vida, es prudente tener control cuando algunos eventos comiencen a suceder.

✡ **Pactos rápidos**

✡ **Para atraer abundancia y prosperidad**

Se coloca debajo de la cama, una copa de licor, un tabaco, una moneda y un dedal.

Se lanzan tres monedas, sin mirar donde van a parar. Diga lo siguiente:

Duende de la tierra y la oscuridad, te entrego este regalo, si me puedes ayudar, un favor necesito tú lo puedes lograr.

Necesito... diga su necesidad.

Y luego, si me complaces y me ayudas, con el dedal te puedes quedar.

No piense más en lo que pidió, deje que el tiempo pase, después de unos días retire el licor, el tabaco y las monedas y si aún está el dedal, debe colocarlo entre las ramas de un árbol.

Si el favor fue obtenido, debe dejar cerca de una matera, licor y tabaco, no se asuste si escucha ruidos en su habitación.

⊕ Pacto para un negocio

Se puede hacer un pacto con la naturaleza, durante una noche de cuarto menguante, se escribe en un pergamino, lo que se necesita, o desea que ocurra.

Se quema el pergamino, mientras se dice:

Poderes de la naturaleza
Yo os invoco
Esta es mi plegaria
Os quiero pedir
Que me concedan
Lo que deseo
Que me ayuden a cumplir
Sí, resulta este negocio
Tres árboles plantaré
Uno por cada uno
Por gratitud haré.

⊗ **Pactos de misterio**

Entrar a este tema, es algo complejo, se debe tener cuidado en su ejecución, las energías actúan de diferente manera, unas pueden ser gobernadas, otras no.

Se debe tener carácter y capacidad de mandar, su energía domina y las puede controlar.

A manera de información, la auto seguridad, o el creer en el propio autodominio, da la capacidad de controlar entidades que pueden alterar, tanto a una persona como un ambiente.

Recuerde, no se aventure en situaciones, que realmente no valen la pena.

El siguiente, aparte de este manual de pactos, es de alto riesgo, se transcribe netamente como información o conocimiento y prevención de energías o turbulencias psíquicas.

Se recomienda no ejecutar estos rituales, si usted no está en capacidad de manejar estas energías desconocidas.

⊕ Pactos diabólicos

Las energías o entidades del mal están, en todas partes, prestas a actuar, si se manejan pueden producir beneficios a quienes las invocan.

Al igual otras entidades del bien, de la misma manera se presentan para actuar de la misma manera a quienes las invocan, se requiere de gran conocimiento para hallar la diferencia de la suplantación de energías, ya que las dos al inicio o en los primeros contactos actúan de manera benéfica y amable. Luego se transforman mostrando la verdadera esencia.

En la antigüedad se realizaban estos pactos, mediante una serie de invocaciones, algunas de ellas de difícil ejecución, las más importantes.

⊛ Pactos

 A medianoche, durante la noche de novilunio, a la vera de un camino de herradura o donde transiten caballos, se riega vinagre de una jarra, cuya asa, u oreja, haya sido dañada.

Caminando de espaldas se cuentan siete pasos mientras se riega y se dice:

De la oscuridad o del averno
Un mensajero hágase presente
Un pacto quiero hacer
Que me entregue un poder
Y a cambio entrego un corcel

  130

Se hace un silencio largo, de pronto si es el lugar indicado se escuchará el paso de un caballo, que no se puede ver.

Luego, como señal, se hará un gran silencio. Aparecerán llamas o candelillas, en ese momento se debe gritar el poder, que se desea, poder de riquezas, poder sobre el juego, poder sobre el amor, poder sobre la vida y la muerte; etc.

Normalmente, un objeto desconocido cae a los pies, es señal que el pacto se ha cumplido y la persona debe pagar.

En unos días deberá llevar un potro, atarlo de un árbol en el mismo lugar y dejarlo allí.

✵ Pactos de riqueza

Algunas personas, entre ellas mujeres, realizan pactos con entidades a cambio de progreso y riqueza, entregan sus cuerpos.

Se sabe de cantantes famosas, cuyas composiciones, hacen alusión a un pacto mágico, de igual manera el movimiento de sus cuerpos es una entrega sexual, a algún tipo de entidad desconocida.

Tanto así, que estas personas logran un gran dominio en los negocios, y en el amor, tienen relaciones muy largas a pesar de lo difícil.

Extrañamente, todo el mundo les rinde culto. Hacen obras de caridad, como un disfraz, de su realidad. Este tipo de pactos se logra tanto por hombres como por mujeres, cuando aceptan entregar su cuerpo y sus pensamientos en diferentes rituales.

La ejecución de este es un secreto celosamente guardado, pero si se desea, se inicia durante la luna llena del mes de agosto, la persona debe invocar a los seres de la noche, estando desnuda, se invita para que la posean. Se dice:

Ojos mágicos encantados
Piel desconocida
Aromas de esencias perdidas
Aquí está vuestro siervo
El placer es entregado
A cambio de triunfo y dinero
Posee lo que desees
Has cuanto anheles
Disfruta de mi piel
Y en pago entrégame
Todos tus dones

La persona será poseída una y otra vez, y extrañamente comenzará a crecer y triunfar en la vida, se presentan enviados a quienes deberán complacer.

✶ Pacto para obtener sabiduría

Este pacto, realmente es el primero que se conoce a través de la historia, en la Biblia, Salomón, el hombre más sabio, hizo un pacto con un espíritu en sueños, quien reveló los misterios de la magia.

 Una noche de luna llena, en un espejo de agua, aljibe, lago, o un platón con agua, se coloca una hoja de pergamino que quede flotando.

Se pide, o se invoca, que se desea, un pacto con el saber mágico, de la naturaleza.

A condición se cumplirá la petición que sea exigida a cambio, se debe estar preparado para cualquier exigencia, recuerde si el pacto es realizado y usted no cumple, deberá pensar muy seriamente lo que puede pasar.

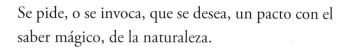

En sueños, se hará una revelación, de la manera como se presentará el conocimiento requerido.

Si es aceptado, deberá firmar con su sangre el pergamino y dejarlo nuevamente sobre el agua.

⊗ Pactos mágicos para la fortuna

Para tener suerte en el azar

Se debe realizar un pacto mágico, con la suerte, no es fácil y se requiere de control y serenidad.

Para atraer la abundancia, en todos los elementos de vida se deben tener un dado negro y uno blanco.

Luego se escribe en un papel o se hace una tabla, los nueve números, tres por cada lado, formando una cruz.

2	3	6
9	5	8
4	7	1

El número cero se produce cuando los dígitos, suman diez, ocho y dos, seis y cuatro, siete y tres, nueve y uno. Se deja lo anterior colocado con la luz de luna de cuarto menguante.

Se inicia el pacto

Igual se realiza un círculo de protección, se encienden dos velas, una negra y una blanca, hacia la medianoche, se descalza y arroja nueve monedas de la misma denominación en diferentes partes de la habitación. Mientras recite la siguiente petición:

Seres y espíritus
Que guardan
Las riquezas escondidas
Poder oculto ¡despierta!
Poder del destino
Entidades del juego
Mostrad la riqueza
Que aquí se encierra
Dame un regalo
Y os daré otro
Hazme ganar
Y te haré un altar

Dejé fluir su inspiración contemplando la tabla de los números, así como esté atento a las señales que se presentan, usted puede definir lo que necesita, en la tabla de los números.

Pacto para atar un amor

Cuando se desea atar un amor, se hace un pacto con las entidades mágicas. Se acuesta desnudo, piensa en la persona que desea atraer a la vida. Se concentra en su rostro, en su espalda, en su mirada.

En total oscuridad, estando bocarriba, comience a pensar en las entidades que gobiernan la noche.

Evite asustarse, al abrir su mente a ese mundo se presentan, las entidades mágicas, las sombras se mueven, acudirán al llamado, bien en el primer día, o en días siguientes.

Solo imagine la persona, trate de realizar este pacto cuando considere que esa persona está dormida.

Luego proceda a la siguiente invocación:

Sombras del amor
Poderes ocultos
Escuchad mi plegaria
Un pacto ahora quiero hacer
Sí, me dan el amor de...
Yo les entregaré

Esdrauj, actúa sobre sus sueños
Has que sienta que sin mí no vivirá
Has que en sueños su amor
Sea una obsesión sin igual
Que no pueda dormir
Que sienta el amor
Has que despierte
Y sienta mi amor

Si lo haces
Tú pedirás
Que quieres a cambio
Y eso tendrás.

Con esto listo, relajase, sentirá presencias, luego duerma, a partir de ese momento, no haga nada en relación con la persona amada.

El pacto lo debe realizar nueve días seguidos, no llame, no busque, durante nueve días, ignore a esa persona. Al final de los nueve días, trate de arreglarse y estar preparado para iniciar algo nuevo.

⬠ Pactos con uno mismo

El mejor pacto que existe es el pacto con uno mismo, el más difícil de realizar, el más complejo, y el más efectivo.

Cada ser, en definitiva, en su interior posee la fuerza para alcanzar cuanto desee, en cada uno vibran todos los espíritus de todas las cosas, el espíritu del dinero, del amor, de la fortuna, de la fuerza, del triunfo.

Para lograrlo se requiere invocar:

La fuerza de la voluntad, la autoexigencia, la magia, el poder interior.

Al realizar un pacto con uno mismo, simultáneamente, está atrayendo el poder absoluto de todas las energías, tanto de la luz como de la oscuridad. De esta manera, tendrá el dominio de las entidades, las cuales actuarán de acuerdo con su deseo. Para lograr el pacto lo primero que debe hacer es creer en sí mismo, creer que puede creer que tiene la fuerza y que merece recibir las energías.

Es importante realizar el siguiente pacto, no con una entidad, sino con la fuerza que rige cuanto existe, incluyendo todas las entidades. Ahora. ¿Cómo invocar algo que es tan profundo y misterioso?

Ese "algo" está en su interior, en lo más profundo de su esencia.

El pacto

- Primero sea consciente que abrirá una puerta a un mundo desconocido, al dominio sobre los elementos y elementales.

- Tendrá un poder nuevo, no aparecerá de un momento a otro si no será paulatino en la medida que avanza.

- No espere respuestas hollywoodenses, o de película.

- Ni espere, truenos relámpagos y tormentas, aunque pueden ocurrir fenómenos extraños.

Antes del pacto tómese un tiempo, medite en su vida, cómo está en el presente, y cómo quiere estar en el futuro. Este pacto es netamente mental.

Se requiere ubicar un lugar donde se encuentren en libertad los cuatro elementos, el mar, un río, un lago.

Fuego del sol, Aire, Agua y la Tierra.

Al encontrar un lugar, coloque nueve piedras tomadas del mismo sitio, colóquelas en forma de círculo, en el cual deberá permanecer durante tres horas.

Son tres horas, seguidas, si empieza no se levante por nada, no importa lo que pase, lo que sienta, lo que llegue a su mente, debe aprender a controlar su interior. Deberá estar en meditación, mirando hacia dentro de usted, relajando su espíritu, trate de entrar en un trance consigo mismo, de autoevaluación mística. Piense, dentro de usted posee todo, la riqueza y la pobreza, la salud y la enfermedad, el amor y el desamor.

Analice su vida, mire cuanto ha dado de sí mismo, cuanto ha aprendido. Al final de una hora, aparecerán los guardianes del templo, pensamientos parásitos, que le harán dudar de lo que está realizando, anúlelos, concéntrese más en sí mismo.

En la segunda hora, diga mentalmente: **"Soy el que soy"**

Soy un centro de expresión divina, y a través de mí, todo el poder, tomará forma, en pensamiento, palabra, obra. De mí extraeré todas las cosas necesarias, materiales y espirituales, todo el reino del universo está incorporado en mi carne.

Durante el resto del tiempo, piense en aumentar su fuerza de voluntad, en ser un ganador, mire desde su interior cómo fluye su poder. Fíjese metas a corto plazo, pruébese, se dará cuenta, que una nueva energía, emerge de usted.

Al terminar, deje las piedras en ese lugar, y recoja la última, guárdela en su hogar, como símbolo de su poder interior, puede que le parezca sencillo, pero inténtelo descubrirá grandes cosas de usted mismo.

Para concluir

Cuelgue bajo su cama un anillo de oro, y diga lo siguiente:

143

Sombras ocultas de misterio
Ifan le gan sé a y
Se aparecerá en visiones
Una sombra
Pídale lo que necesite
Se dará cuenta, que su deseo,
será cumplido en cuanto al dinero.
Sí, pronuncia antes de dormir;
Rast, le jan Aduar
Será visitado para pactar
Con un ser del tiempo.

Para que un negocio prospere
Coloca bajo su escritorio
Dos plumas negras
Una hostia
Tres centavos

Y escribe en un pergamino una estrella de cinco puntas y el centro el símbolo de la letra K al revés, se dará cuenta de un gran poder.

Conclusión:

Ya posee las herramientas necesarias para realizar pactos, de usted depende, todo el poder está ahí, solo debe liberarlo, venza su miedo, e inténtelo, recuerde poner de su parte, no se venza, luche por sus ideales, todo es posible para el que cree que puede.

Omar Hejeile Ch.

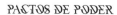

Enciclopedia Universo de la Magia

¿Desea aprender magia?

Descubre el camino hacia el aprendizaje mágico en nuestra completa Enciclopedia, accesible en OmarHejeile.com. Adéntrate en el fascinante mundo del poder mental oculto, una fuerza que trasciende las barreras de espacio y tiempo. Este tesoro de sabiduría, celosamente custodiado durante milenios, está ahora al alcance de tus manos.

Omar Hejeile

Made in the USA
Middletown, DE
29 August 2023

37547365R00090